W0225441

Little Cats

Sylvia Born

Müller Rüschlikon

Einbandgestaltung: Kornelia Erlewein

Titelbild: Sylvia Born

Alle Bilder wurden von Sylvia Born erstellt.

Alle Angaben wurden gründlich geprüft. Eine Haftung der Autorin oder des Verlages und seiner Beauftragten für Personen-, Tier-, Sach- und Vermögensschäden ist ausgeschlossen.

ISBN 978-3-275-01813-0

Copyright © 2011 by Müller Rüschlikon Verlag
Postfach 103743, 70032 Stuttgart
Ein Unternehmen der Paul Pietsch Verlage GmbH & Co. KG
Lizenznehmer der Bucheli Verlags AG, Baarerstr. 43, CH-6304 Zug

1. Auflage 2011

Sie finden uns im Internet unter www.mueller-rueschlikon-verlag.de

Nachdruck, auch einzelner Teile, ist verboten. Das Urheberrecht und sämtliche weiteren Rechte sind dem Verlag vorbehalten. Übersetzung, Speicherung, Vervielfältigung und Verbreitung, einschließlich Übernahme auf elektronische Datenträger wie CD-ROM, Bildplatte usw. sowie Einspeicherung in elektronische Medien wie Bildschirmtext, Internet usw. sind ohne vorherige schriftliche Genehmigung des Verlages unzulässig und strafbar.

Lektorat: Claudia König
Innengestaltung: Kornelia Erlewein
Druck und Bindung: LEGO s.p.A., 36100 Vicenza
Printed in Italy

Vom Baby zum Schulkind

– Die Entwicklung von Kätzchen

Linus, Lotti,

Die Viererbande ...

Moritz und Carla

... hier im zarten Alter von sieben Wochen.

Die Mama

Vom Baby zum Schulkind

– Die Entwicklung von Kätzchen

Wir haben vier neugeborene Kätzchen von einer halb verwilderten Bauernhofkatze zwölf Wochen lang fast täglich draußen und drinnen mit der Kamera begleitet, um ihre Entwicklung zu dokumentieren. Dabei sind außergewöhnliche Schnappschüsse und besonders niedliche Fotos der süßen Katzenbabys entstanden.

Freilebende Katzen gebären normalerweise im Frühjahr, können aber auch im Herbst noch einen zweiten Wurf bekommen, wenn sie gut genährt, gesund und kräftig sind. Unsere Kätzchen sind Anfang April geboren und werden als Maikätzchen bezeichnet. Doch warum heißen sie Maikätzchen? Bauernhofkatzen paaren sich Anfang des Jahres, werfen dann im März oder April. Sie halten ihren Nachwuchs für gewöhnlich mindestens vier Wochen lang gut versteckt.

Wenn die Katzenbabys dann auftauchen, ist es meistens Mai. Erst dann sind sie richtig aktiv und brauchen die erste feste Nahrung. Darum nennen die Bauern die Kätzchen, die im Frühjahr geboren werden, Maikätzchen. Die Herbstkätzchen gelten bei ihnen als eher schwach und unterentwickelt. Tatsächlich haben sie schlechtere Überlebenschancen, weil sie bereits als Jungtiere einen kalten Winter überstehen müssen, in dem viel weniger Futter, kleine Nager und Insekten, zur Verfügung steht als im Frühjahr und Sommer.

Unsere kleinen Fotomodelle waren zwei schwarze Weibchen und zwei getigerte Kater. Durch die zeitaufwendige Zuwendung des Fotografenteams wurden alle Kätzchen besonders gut auf Menschen sozialisiert und konnten als wirkliche Schmusekatzen in der zwölften Woche prima vermittelt werden.

Das Markenzeichen der vier Kleinen:
Zu Beginn ihrer Laufbahn, Schwänzchen
immer kerzengerade in die Luft ...

Das Schlafbaby

Es ist immer wieder erstaunlich, wie schnell sich Katzenbabys entwickeln. Sie werden zwar mit Fell geboren, sind aber blind und taub. Die Augen sind fest verschlossen. Die Geburt von drei bis sieben Kätzchen kann mehrere Stunden dauern, da jedes Baby mit einem Abstand von etwa zwanzig Minuten zum nächsten auf die Welt kommt. So hat die Mutter genügend Zeit, jedes Kätzchen aus der Fruchtblase zu befreien und abzunabeln, trocken zu putzen und zu versorgen. Nach kurzer Zeit sucht das Neugeborene instinktiv nach den Zitzen der Mutter. Dieses scheint sehr mühsam zu sein, denn das kleine Wesen kann nur unbeholfen voranrobben. Es hat bereits kleine Krallen, die noch nicht eingezogen werden können, dadurch aber für die Fortbewegung sehr hilfreich sind. So kann sich das Kätzchen anfangs nur mit seinem Geruchs- und Tastsinn orientieren.

Der Treteltritt (oder das Treteln), der die Milchproduktion der Mutter anregt, ist angeboren. Für die neugeborenen Kätzchen ist die Aufnahme der Muttermilch in den ersten 24 Stunden besonders wichtig, denn dadurch wird ihr Immunsystem gestärkt. Auffällig ist, dass sich die Winzlinge anfangs nur im Kreis bewegen. Auch dieses Verhalten scheint angeboren, damit sie sich nicht zu weit vom schützenden Lager entfernen. Geraten sie in Not, ist ihnen kalt oder haben sie Hunger, können sie durch Quietschen und Fiepen ihre Mutter darauf aufmerksam machen. Ansonsten verschlafen sie die ersten Tage kuschelnd und eng an die Mutter geschmiegt. Sie brauchen die Wärme, denn sie können ihre Körpertemperatur noch nicht selber regulieren. In den ersten Tagen verlässt die Katzenmutter ihre Kinder nur für kurze Zeit, denn die Kätzchen sind immer hungrig. Während dieser Zeit liegen die Kleinen in einem Knäuel aufeinander und übereinander.

Die Milchbar der Mutter wird mindestens alle zwei Stunden angesteuert. Dabei saugen die Kätzchen bis zu einer Stunde. Es kann aber sein, dass sie zwischendurch kurz einschlafen und die Zitze dann als Schnuller benutzen. Die Kätzchen nehmen täglich etwa zehn Gramm zu. Manchmal kann die tägliche Gewichtszunahme auch zwischen fünf und zwanzig Gramm schwanken. Bei einem durchschnittlichen Geburtsgewicht von hundert Gramm, das je nach Katzenrasse zwischen achtzig und einhundertzwanzig Gramm liegen kann, sollte ein Katzenbaby gegen Ende der ersten Woche sein Gewicht fast verdoppelt haben.

Keinohrküken

Erfahrene Katzenzüchter können das Geschlecht eines Kätzchens bereits nach der Geburt erkennen. Für einen Laien hingegen ist es schwierig, da der kleine Unterschied in diesem frühen Stadium nur als minimales Detail erkennbar ist. Ein neugeborener Kater hat noch keine sichtbaren Hoden, aber man erkennt eine winzige, runde Geschlechtsöffnung, die den Penis verbirgt. Zusammen mit der kleinen Afteröffnung sieht es wie ein Doppelpunkt aus, während das weibliche Kätzchen einen kleinen Schlitz hat, was dann einem Semikolon sehr ähnlich sieht.

Solange die Katzenbabys noch nicht aktiv sind, werden ihre Ausscheidungen von der Mutterkatze entsorgt. Durch das Ablecken des Analbereichs wird das Kätzchen aktiviert, sein Geschäftchen zu machen, das die Mutter dann aufschleckt. Dadurch bleibt das Wurfnest immer sauber.

Maamaaaaaaa …

Wo bist du?

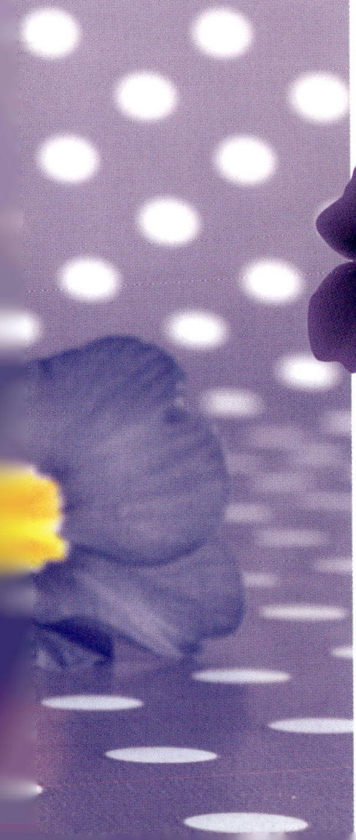

2. WOCHE

Das Krabbelkind

Ab dem fünften Tag entwickelt sich langsam der Gehörsinn und zwischen dem siebten und zwölften Tag öffnen sich die Augen, die in den ersten vier Wochen immer blau schimmern. Es dauert aber noch einige Wochen, bis diese beiden Sinne vollkommen entwickelt sind. So sind die Katzenkinder eher geruchsorientiert und nehmen Geräusche und Bewegungen nur schemenhaft und etwas später verschwommen wahr. Die Kätzchen werden kräftiger und strampeln die Geschwister energisch beiseite, um an die beste Zitze der Mutter zu gelangen, die sie dann als eigene Futterquelle für sich beanspruchen. Dieser Kampf fand bereits direkt nach der Geburt statt. Das stärkere Kätzchen hat immer die größten Überlebenschancen. Das ist besonders wichtig, wenn die Mutter mehr Kätzchen auf die Welt bringt, als sie Zitzen hat.

AUGEN AUF! Blau schimmernd – ab dem zwölften Tag!

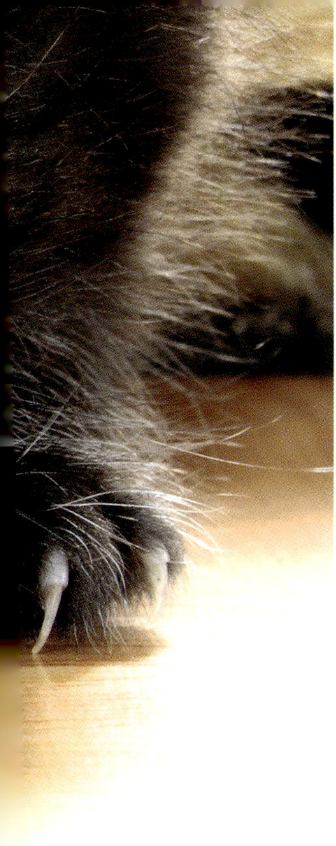

Die kleinen Krallen können sie immer noch nicht einziehen. Die Katzenbabys sind nach wie vor sehr unbeholfen, können aber inzwischen ihre Umwelt wahrnehmen. Das Anheben des schweren, runden Köpfchens ist noch anstrengend, aber sie versuchen, bereits zu sitzen, zu stehen und sogar zu laufen. Das wirkt sehr unbeholfen, zumal sie bei allen Versuchen größtenteils umfallen. So sind sie auch noch nicht in der Lage, das Wurfnest zu verlassen. Wenn sie von Geburt an Kontakt zu Menschen hatten und oft angefasst wurden, gehört diese Hand mit dem riesigen Körper zu ihrer Katzengemeinschaft.

Der Geruch von uns wurde als unbedenklich abgespeichert. Aber werden sie von fremden Lebewesen mit unbekannten Gerüchen angefasst oder berührt, werden diese vorsichtshalber erst einmal angefaucht. Fauchen können sie bereits seit ihrer Geburt, obwohl sie einem Feind hilflos ausgeliefert wären.

Sie haben noch keine Zähne und können ihre Bewegungen noch nicht koordinieren. Auch die winzigen Krallen können sie nur als Hilfe zur Fortbewegung nutzen, jedoch nicht als Waffe. Fühlen sie sich aber in höchster Gefahr, wird in erstaunlicher Lautstärke nach der Mutter geschrien, die sofort nach dem Rechten schaut und ihre Kinder notfalls gegen jeden Feind, der ihren Kätzchen gefährlich werden könnte, verteidigen wird.

Gruppenkuscheln

3. WOCHE

Die ersten Milchzähne

In der dritten Woche brechen die ersten Milchzähne durch. Insgesamt bekommen Kätzchen sechsundzwanzig Zähnchen. Vom Kopf bis zum Schwanzende messen sie etwa fünfundzwanzig Zentimeter. Sie nehmen jetzt täglich ca. zwanzig Gramm zu und wiegen über vierhundert Gramm. Die Rassekätzchen bei einem Züchter werden jeden Tag gewogen. Eine Gewichtsabnahme über mehrere Tage ist ein Alarmzeichen und sollte unbedingt tierärztlich abgeklärt werden. Der Kot, der aus der Muttermilch entsteht, ist gelblich-breiig. Eigentlich sollten diese Ausscheidungen nicht sichtbar sein, denn die Mutter putzt ihre Kinder sorgfältig. Ein schmutziger Popo weist bei den Katzenbabys auf Wurmbefall hin. Vorsorglich bekommen die Katzenbabys beim Züchter deswegen bereits in Alter von drei Wochen eine Wurmkur. Wenn die Mutterkatze nicht entwurmt wurde, führt oft ein starker Wurmbefall dazu, dass zu wenige Nährstoffe verwertet werden können. Auch ein starker Floh- oder Zeckenbefall schwächt Katzenbabys. Schlimmstenfalls hat ein Kätzchen eine organische oder Erbkrankheit, die es in freier Natur nicht überlebt.

Getigert ist nicht gleich getigert!

Moritz ist ein schwarz getigertes Kätzchen. Wie bei allen Tigerkätzchen steht ein deutlich sichtbares »M« auf seiner Stirn. Doch jede Musterung an Kopf oder Körper ist einzigartig und wird sogar unterschiedlich benannt. Moritz hat einen schwarzen Rückenstrich und eine überwiegend schwarze Streifenzeichnung am Körper, die am Bauch in Tupfen übergeht. Dieses Muster heißt Mackerel Tabby. Da Moritz und Linus schwarz gezeichnet sind, lautet die genaue Bestimmung zusammen mit der Farbe und der Zeichnung Black Mackerel Tabby. Eine Classic Tabby hingegen, ist eine gestromte Katze mit breiteren Streifen am Körper, einer sogenannten »Schmetterlingszeichnung«. Eine Katze, die an den Flanken überwiegend Tupfen hat, wird als Spotted Tabby bezeichnet. Marbled bedeutet eine marmorierte Zeichnung, in der die Farben nicht deutlich abgegrenzt sind, sondern ähnlich wie bei einem Aquarell ineinanderverlaufen. Bengalkatzen haben oft sogar Rosetten, die aber nur selten bei Hauskatzen zu finden sind. Obwohl sich unsere zwei Tigerkätzchen in ihrer Zeichnung als Black Mackerel Tabby ähneln, sind sie doch völlig verschieden gemustert und deutlich voneinander zu unterscheiden.

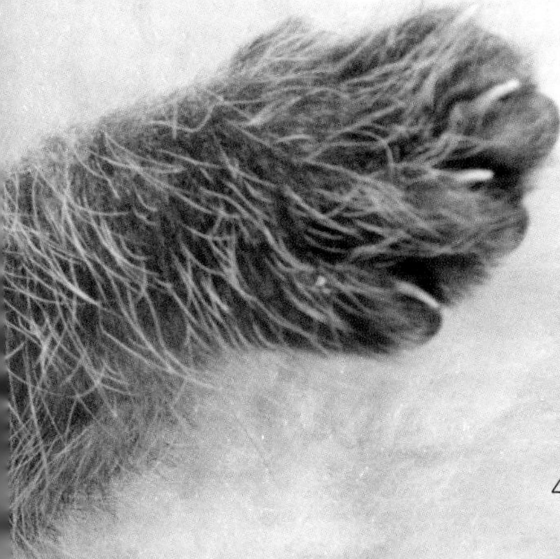

Auf wackeligen Beinchen, zitternd vor Anstrengung, werden die ersten kleineren Ausflüge unternommen und somit auch die unmittelbare Umgebung ihrer Wurfbox untersucht. Da die meisten Wurfboxen eine kleine Kante haben, wird durch die ersten Kletterversuche auch diese Hürde genommen. Sie entfernen sich aber noch nicht weit vom schützenden Nest. Es kommt vor, dass die Mutter in den ersten Wochen ihr Lager wechselt und ihren Nachwuchs in ein anderes Versteck trägt, wenn sie sich nicht sicher fühlt oder zu oft gestört wird. Dabei packt sie das Kätzchen am Nacken, das dann sofort in einer Embryo-Starre verharrt. So kann es die Mutter problemlos transportieren, denn ein strampelndes Kätzchen würde ihr Probleme bereiten.

Herzallerliebst

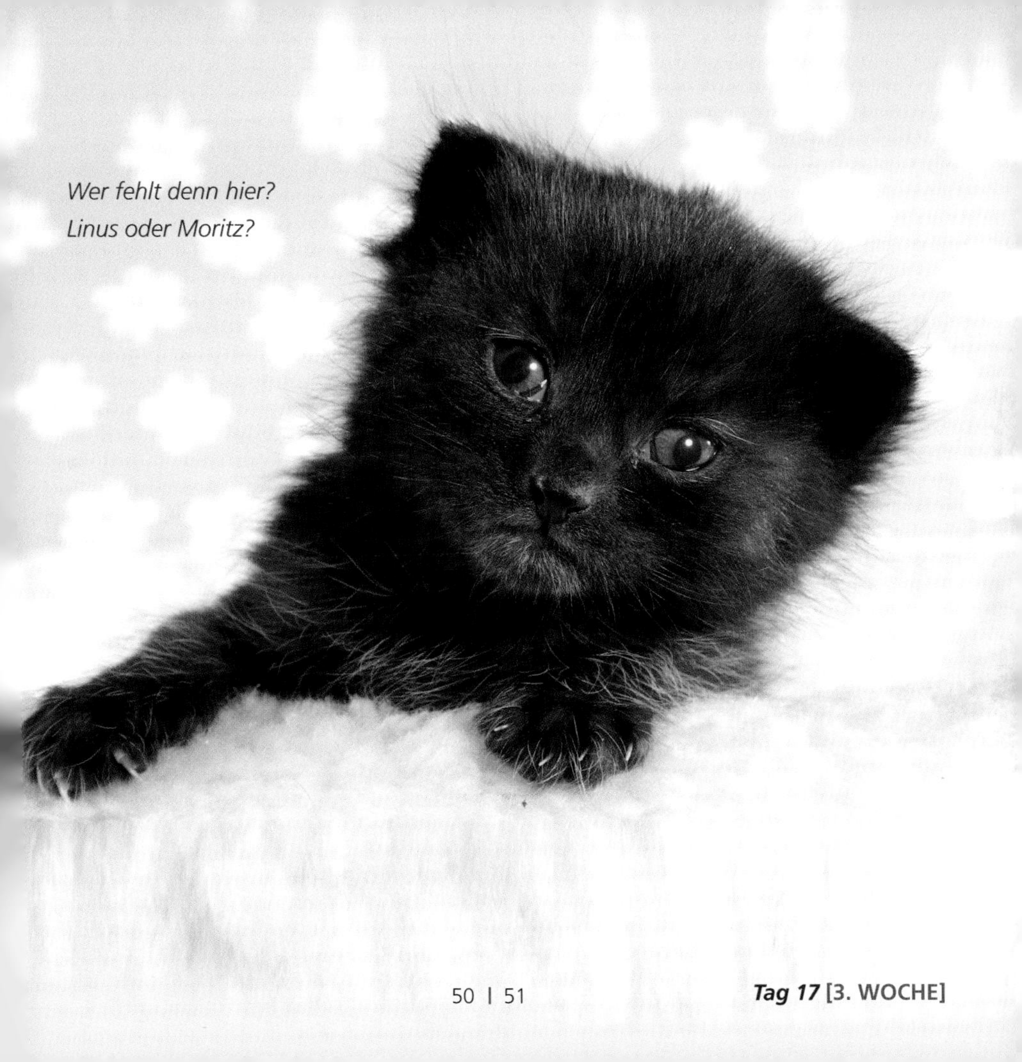

Wer fehlt denn hier?
Linus oder Moritz?

Hunde haben Besitzer,
Katzen Personal *(Kurt Tucholsky)*

Katzen wurden im alten Ägypten als Gottheiten verehrt. Sie beschützten die wertvollen Nahrungsvorräte der Menschen vor Ratten und Mäusen, die vor allem in den Getreidekammern einen üppig gedeckten Tisch vorfanden und sich dort stark vermehrten. So hatten die Katzen ein ideales Jagdrevier. In der Zeit der Pharaonen (3000–2000 v. Chr.) hatten Katzen einen solch hohen Stellenwert, dass Bastet, die Gemahlin des Sonnengottes Re, mit einem Katzenkopf dargestellt wurde. Die Wandmalereien und Katzenstatuen, die in den alten ägyptischen Tempeln gefunden wurden, bezeugen den hohen Rang der Katze. Zwar hatten die Priester das Recht, heilige Katzen der Göttin Bastet in einer Zeremonie zu opfern, aber auf die Tötung einer Katze außerhalb der Tempelanlagen standen damals empfindliche Strafen. Archäologische Funde in vielen Teilen Ägyptens zeugen davon, dass Katzen nach ihrem Tod sogar mumifiziert und ehrenvoll beigesetzt wurden. In Beni Hassan (Mittelägypten) wurde eine Grabstätte mit über 300.000 Katzenmumien entdeckt.

Moritz, der Fünfte auf seinem Thron.

Komplett

Endlich! Der erste Ausflug nach draußen mit Mama!

Die alltäglichen Raufereien unter den Geschwistern fangen zuerst sehr zaghaft an und gehören zum Leben der Katzenkinder. Sie lernen so, ihre Bewegungsabläufe spielerisch zu koordinieren. Die Wahrnehmung von Bewegung ist noch eingeschränkt, aber der Schwanz vom Geschwisterchen wird bereits gejagt, manchmal auch mit einer Zitze verwechselt. Es kann vorkommen, dass die Schwanzspitze leicht angenagt wird. Dabei reagieren die Sinne noch etwas zeitverzögert. Die Kätzchen sind nicht so schnell, wie sie es gerne wären. Sie knabbern einander an den Ohren oder verknäulen sich spielerisch beißend ineinander. Das alles ist dann doch anstrengend, sodass sie immer noch ausgiebig und sehr lange schlafen. Die Ruhephasen verbringen sie aneinandergekuschelt. Das gemeinschaftliche Schmusen und der Körperkontakt stärken die Bindung.

Unsere schwarzen Kätzchen haben in ihrem Babyfell noch einige helle Grannenhaare, die aber spätestens ab der zehnten bis zwölften Woche völlig verschwunden sind. Das flauschige Fell der kleinen Kätzchen wird sich erst in den nächsten Monaten zu einem seidig glänzenden und eng anliegenden Fell entwickeln.

4. WOCHE

Übung macht den Meister

Die Kätzchen spielen immer mehr miteinander. Dabei werden alle Sinne trainiert und sie üben laufen und springen, aber auch das Anschleichen und Lauern. Die Ausflüge aus ihrem sicheren Wurflager werden etwas ausgedehnt und alle Gegenstände in der näheren Umgebung genau untersucht.

Die Mutterkatze versteckt ihre Kinder nicht mehr und verschleppt sie auch nicht mehr in ein neues Quartier, wenn sie sich sicher fühlt. Im Gegenteil, sie lässt ihren Wurf sogar längere Zeit alleine. In ihrer bekannten Umgebung zeigen die Kätzchen keinerlei Angst vor Menschen und deren Geräuschen, wenn sie das Alltagsgeschehen eines Haushalts kennen gelernt haben. Auch die verwilderten Bauernkätzchen erkunden jetzt ihre nähere Umgebung. Dabei sind sie sehr vorsichtig und darauf bedacht, bei Gefahr sofort ein Versteck zu erreichen. Vor fremden Geräuschen oder unbekannten Lebewesen suchen sie vorerst einmal Schutz. Freie, offene Flächen werden instinktiv gemieden, denn ein unvorsichtiges Kätzchen könnte schnell die Beute von größeren Raubtieren oder sogar Greifvögeln werden.

Hat ein Kätzchen in diesen ersten vier Wochen seiner Entwicklung keinerlei Menschenkontakt, wird es jede Begegnung zu diesen fremden Lebewesen vermeiden und sofort in ein Versteck flüchten. Wird es in die Enge getrieben, faucht es wie eine erwachsene Katze und wird sich notfalls verzweifelt mit Krallen und Zähnchen verteidigen. Eine Wohnungskatze hingegen wird jedes Lebewesen akzeptieren, mit dem es bislang in Berührung gekommen ist, sogar Hunde oder andere Haustiere.

Auf zur Erkundungstour ...

*Mama bringt zwar schon fleißig Mäusebraten,
doch die Kleinen wissen noch nicht so recht,
was damit anzufangen ist ...*

Von Kätzchen und Mäusen ...

Schlaf, Kätzchen, schlaf ...

Wo bleibt das Wasser?

Angeberin! Das kann ich auch!

Die ersten Katzen, die vor über 5000 Jahren mit dem Menschen eine Nutzgemeinschaft eingingen, waren afrikanische Wildkatzen (felis silvestris libyca), die sich allmählich als domestizierte Katzen über die ganze Welt verbreiteten. So lassen sich alle Katzen, auch alle Rassekatzen, auf diese Abstammung zurückführen. Trotz der heutigen Farbenvielfalt der Katzen, ist ein schwarz getigertes Kätzchen ihrer Urmutter aus Afrika immer noch sehr ähnlich. Mit dieser Tigerzeichnung ist eine Katze beispielsweise im Gebüsch perfekt getarnt.

Besuch von Erny ...
Was hat der nur für eine nasse Schnauze und wie riecht der denn?

Hoffentlich ist das Foto gleich gemacht und ich kann hier wieder raus!

5. WOCHE

Die erste feste Nahrung

In der 5. Woche sind die letzten Zähne des Milchgebisses voll durchgebrochen und so wird das erste Mal festes Futter probiert. Während Rassekatzen in der Regel hochwertiges Markenfutter vorgesetzt bekommen, müssen sich frei lebende Bauernhofkatzen mit billigem Trockenfutter oder Essensresten begnügen. Aber bald wird die Katzenmutter auch die ein oder andere kleine Maus vorbeibringen.

Behütete Hauskätzchen sollten spezielles Kittenfutter bekommen, das für ihr gesundes Wachstum besonders nahrhaft ist. Dabei entwickeln sie bereits eine Vorliebe für Nass- oder Trockenfutter. Züchter füttern oft auch Frischfleisch-Brei oder kochen individuelle Gerichte. Bei den Fressgewohnheiten der Katzen zeigen sich früh Unterschiede.

Manche Kätzchen probieren oft viel früher, bereits im Alter von vier Wochen, das angebotene Futter der Mutterkatze, während sich das ein oder andere Geschwisterchen erst eine Woche später mit der energiereichen Nahrung beschäftigt. Dies merkt man dann deutlich an der Gewichtszunahme der Katzenkinder.

Spätestens jetzt sollten sie das erste Mal entwurmt werden. Auch die Kätzchen einer Wohnungskatze, die regelmäßig entwurmt wurden, können durch die Muttermilch mit Würmern infiziert sein.

Kribbel, krabbel – was ist denn das?

Die Kätzchen, die behütet in der Wohnung aufwachsen, lernen schnell, das Katzenklo zu benutzen. In den ersten Wochen wurden sie von der Mutter durch Ablecken ermuntert, ihre kleinen und größeren Geschäftchen zu machen, die dann von ihr entsorgt wurden. So hielt die Mutter das Wurfnest immer sauber. Jetzt finden die Katzenbabys das Katzenklo meistens alleine und sind bereits eifrig damit beschäftigt, ihre Hinterlassenschaften instinktiv

zu verscharren. Anfangs wird das Klo sogar zum Spielplatz. Die Streu raschelt so interessant, dass alle Kätzchen dieses Material gründlich untersuchen müssen. Hierbei sollte darauf geachtet werden, dass die Einstreu aus verdaulichem Material (Holz, Mais, etc.) ist, denn die Kleinen probieren es gar zu gerne. Dabei kann eine übermäßige Aufnahme von Klumpstreu zu bösen Verstopfungen führen.

6. WOCHE

Der Entdeckerdrang

In diesem Alter sind kleine Kätzchen besonders süß. Es macht Spaß, mit ihnen zu spielen oder nur ihre kleinen Raufereien zu beobachten. Sie sind auch schon recht ausdauernd beim Spielen und Toben und schlafen weniger. Nicht nur der Kratzbaum wird langsam als Klettergerüst genutzt, auch Pflanzen, Sofas und Vorhänge, denn sie können inzwischen ihre Krallen perfekt einsetzen. Außerdem ist der Stellreflex voll entwickelt, d.h. sie landen fast immer auf ihren Füßen. So werden sie stets mutiger. Und auch wenn ein Kätzchen beim Klettern abstürzt, passiert ihm normalerweise nichts. Da sind eher die Einrichtungsgegenstände in der Wohnung gefährdet, vor allem die, die leicht umfallen können. Außerdem ist der Beutetrieb der Kätzchen entwickelt und jeder geeignete Gegenstand wird zur Spielbeute umfunktioniert.

Lotti beim Aufstieg auf den Kratzbaum …

Fast hätte es geklappt …

... und jetzt?

Die bläulich schimmernde Augenfarbe, die sie in den ersten vier Wochen hatten, verliert sich jetzt allmählich. Getigerte Hauskatzen haben nie blaue Augen und wenn, dann handelt es sich um weiße Hauskatzen oder Rassekatzen-Mischlinge, die dann aber eine andere Fellzeichnung oder Fellstruktur haben. Bis sich die endgültige Augenfarbe ausgeprägt hat, vergehen noch einige Monate. Oft ist in diesem Alter nur eine undefinierbare »schmutzige« Farbe zu erkennen. Normalerweise ist die Augenfarbe der Hauskatzen gelb oder grün, jeweils in vielen Nuancen. Unsere Kätzchen werden wahrscheinlich eine gelbe Augenfarbe bekommen. Würde sie später grün, könnte man direkt um die Pupille bereits einen grünlichen Ring erkennen. Letztendlich kann aber die spätere Farbnuance noch nicht genau definiert werden, denn die Ausbildung der finalen Augenfarbe kann ein bis zwei Jahre dauern.

Alles, was sich bewegt, weckt das Interesse der Kätzchen. Unermüdlich werden Bällchen oder Spielmäuse gejagt. Spätestens jetzt sollte die Wohnung katzensicher eingerichtet sein. Zimmerpflanzen werden durch spielende Kätzchen häufig zerrupft und sollten vor den Katzenkrallen geschützt werden. Giftige Pflanzen gehören überhaupt nicht in einen Katzenhaushalt, denn wie ein kleines Menschenkind knabbern kleine Kätzchen auch gerne an Blättern. Ein kleiner Kratzbaum wird dafür liebend gern für die ersten Kletterübungen genutzt. Andere Gefahren für die Kätzchen sind z.B. Stromkabel, die herunterhängen, sich bewegen und somit ein Kätzchen zum Spielen animieren. Sie könnten auch angebissen werden und sollten daher durch Kabelschützer gesichert sein. Besonders beliebt sind Kabel, die noch Kautschuk oder Gummi Arabicum beinhalten. Ansonsten sind natürlich alle Gegenstände gefährdet und für die Kätzchen gefährlich, die leicht umkippen oder zu Bruch gehen können. Stühle, die leicht kippen, oder auch die Stuhlkanten können zur Gefahr werden.

Süße Träumer

Die Gruppe der Katzen zählt zu den »Schlafmützen« unter allen Säugetieren. Von den 24 Stunden eines Tages verschlafen Hauskatzen etwa 16. Oft halten sie, wenn sie ruhen, nur wenige Minuten dauernde »Kurzschläfchen«. In den langen Schlafphasen haben sie ähnliche Leicht- und Tiefschlafphasen wie Menschen. Wenn die Katze träumt, bewegen sich ihre Pfoten und Krallen, aber auch ihre Gesichtszüge und die Ohren zucken. Junge Katzen sind in ihrer Traumphase besonders aktiv.

Frei lebende Kätzchen bekommen von ihrer Mutter bereits lebendige Mäuse als Übungsobjekte vorgesetzt, denn ein Katzenkind muss den Tötungsbiss selbst erlernen. So spielt ein Katzenbaby über einen längeren Zeitraum mit der lebenden Maus und verteidigt ihre Beute durch Knurren und Schlagen vor den Geschwistern. Bei so vielen neugierigen Kätzchen wird ein armes Mäuschen nicht lange überleben.
Würde die Katzenmutter jetzt ihr Lager wechseln, lockt sie ihre Kinder durch einen Ruf, ihr zu folgen. Die kleinen Racker sind inzwischen so kräftig, dass sie ihr problemlos hinterherlaufen können.
Viele einfarbige Kätzchen, also auch unsere schwarzen, haben in den ersten Wochen oft noch eine »Geisterzeichnung«, d.h. im Fell ist eine minimale getigerte Musterung erkennbar. Diese verschwindet aber, wenn sie älter sind.

7. WOCHE

Fressen, Spielen, Schlafen

Die Kätzchen werden weniger gesäugt und sollten mindestens drei, besser fünf bis sechs kleine Mahlzeiten am Tag bekommen. Sie sind fast immer hungrig und kommen sogar auf Zuruf zum gefüllten Futternapf. Sie werden zwar immer noch von der Mutter gesäugt und geputzt, aber sie können ihre Bewegungen schon recht gut koordinieren, so dass sie sich auch selber mit ihrer Körperpflege beschäftigen.
Die Bauern geben ihre Kätzchen gern in diesem frühen Alter ab, da diese kleinen Fellknäuel in ihrer verspielten Art sehr süß wirken und der Anblick von niedlichen Katzenbabys jeden Interessenten anspricht.

toller Tag 44 [7. WOCHE]

Die nächsten Wochen sind eine weitere wichtige Phase für die Entwicklung der Katzenkinder. Sie werden noch lange von ihrer Mutter versorgt und lernen jetzt von ihr das kätzische Verhalten. Dabei ist auch der Kontakt zu erwachsenen Artgenossen wichtig.

Sie werden von fremden Katzen angefaucht und müssen sich unterwerfen. Ist ein Katzenkind zu frech und attackiert den Schwanz einer unbekannten Katze, werden sie oft mit einem energischen Pfotenhieb in ihre Schranken gewiesen.

Gesunde Kätzchen sind immer lebhaft, haben klare Augen ohne Ausfluss und einen sauberen Popo. Schmutzige Ohrmuscheln weisen auf Milbenbefall hin. Einige Katzenbabys auf den Bauernhöfen überleben die ersten Wochen nicht, weil sie an Katzenschnupfen erkranken. Ihre Augen sind dann so verklebt und verquollen, dass sie kaum noch etwas sehen können. Verbunden mit starkem Durchfall sterben sie unbemerkt innerhalb weniger Tage.

PEO
FLOWE

8. WOCHE

Die erste Impfung

Mit acht Wochen wiegt ein Kätzchen soviel wie ein Liter Milch, also ein Kilogramm. In diesem Alter ist für die Kätzchen, die bisher gesund und munter waren, der erste Tierarztbesuch fällig. In den meisten Fällen steht dann auch die erste Autofahrt an. Dabei gefällt es den Kätzchen gar nicht, dass sie in einer Transportbox eingesperrt werden. Dazu kommen die Fahrgeräusche, die sie nicht kennen und die ihnen Angst machen. Oft wird während der Fahrt lautstark protestiert. Beim Tierarzt angekommen, müssen sie eine Allgemein-Untersuchung über sich ergehen lassen: Ist ihr Herz in Ordnung? Ist die Zahnstellung richtig? Sind Ohrmilben oder andere Parasiten da? Und dann kommt die böse Spritze, die auch noch piekst und weh tut. Da kann es vorkommen, dass der Tierarzt böse angefaucht wird. Alles in allem ein aufregender Tag in dem kurzen Katzenleben.

Große Kratzbäume werden jetzt mit Leichtigkeit erstürmt. In freier Natur turnen sie bereits auf hohen Bäumen. Es kommt eher selten vor, dass ein Kätzchen aus Schwindel erregender Höhe aus den Ästen gerettet werden muss. Normalerweise kommt ein Kätzchen ohne Probleme vom Baum wieder herunter, auch wenn sich der Abstieg schwieriger gestaltet als der Aufstieg. Mit ihren Krallen können sie einen Baumstamm mühelos erklimmen. Wenn sie aber kopfüber herunterklettern möchten, haben ihre gebogenen Krallen keinen richtigen Halt.

Also wirkt ein Kätzchen, das einen hohen Baumstamm herunterklettert, immer etwas unbeholfen und abstürzgefährdet. Kleine Kätzchen sind aber hart im Nehmen: Ein Absprung ins weiche Gras aus zwei Metern Höhe macht ihnen normalerweise nichts aus.

Jetzt stürmen wir das Katzenklo, das Katzenklo, das Katzenklo ...

Suchbild: Wo steckt die vierte Katze?

Das gesamte Waffenarsenal …

*Gleich in die Lebensmittel-
abteilung oder zuerst zu
den Spielsachen?*

9. WOCHE

Lernen und Erkunden

Langsam will das Katzenkind die ganze Welt entdecken und traut sich nicht nur unter Aufsicht der Mutter (oder der Ersatzmutter Mensch) überall hin. Die Geräusche, die es kennt, werden nicht mehr beachtet. Fernseher, Spülmaschine, Drucker, Staubsauger etc. sind für ein Wohnungskätzchen alltäglich. Alles, was es bisher kennen gelernt hat, macht ihm keine Angst mehr. Es kennt seine Umgebung genau, wagt sich aber auch vorsichtig in unbekanntes Terrain. Es ist bereits erkennbar, dass jedes Kätzchen einen anderen Charakter hat. Manche sind mutiger, andere sind vorsichtiger. Nicht nur rassespezifisch können Kätzchen aus einem Wurf auch ganz unterschiedliche Temperamente haben. Es gibt wilde Feger, kleine Angsthasen oder ruhigere Schmuser unter den Geschwistern.

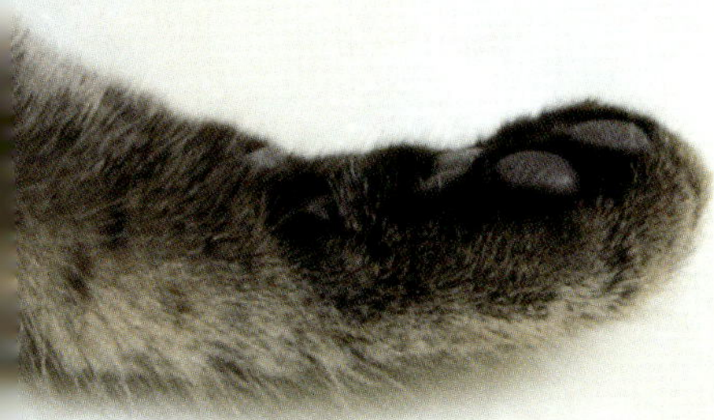

Je nach Motivation oder visuellen Anregungen können die Kätzchen durchaus über drei Stunden herumtoben, bis sie dann völlig erschöpft an den ungewöhnlichsten Plätzen urplötzlich ein Nickerchen halten. Wenn sie sich sicher fühlen, ist es ihnen völlig gleichgültig, ob sie sich auf dem Sofa langstrecken oder in dem Wäschekorb mit den frisch gewaschenen Handtüchern schlafen, Hauptsache bequem. Freilebende Kätzchen suchen sich lieber ein geschütztes Versteck zum Schlafen, solange die Katzenmutter nicht in der Nähe ist.

Das Schnurrkonzert

Obwohl die Kätzchen immer seltener an die Milchbar der Mutter dürfen, ist der Körperkontakt zur Mutter wichtig. Hier fühlen sie sich beschützt und sicher. Durch Schnurren und Treteln beim Trinken drücken die Kätzchen ihr Wohlbefinden aus. Auch die Katzenmutter schnurrt und signalisiert damit, dass alles in Ordnung ist. Erwachsene Katzen behalten dieses infantile Verhalten einem Menschen gegenüber oft lebenslang, wenn sie versorgt werden. Es scheint, dass sie ihre neue Bezugsperson als eine Art Muttterersatz ansehen und mit dem Treteltritt, den sie meistens auf dem Schoß oder Bauch eines Menschen intensiv ausführen, ihr Vertrauen zeigen. Das Streicheln des Fells wiederum löst vermutlich ebenfalls Kindheitserinnerungen wach, weil es der Fellpflege der Mutterkatze ähnelt. Die Kätzchen kommentieren das mit wohligen Schnurrlauten.

Durchschnittliches Gewicht von Kätzchen

Diese Gewichte zeigen das durchschnittliche Gewicht von normalen Hauskätzchen. Das Geburtsgewicht kann durchaus zwischen siebzig bis einhundertzwanzig Gramm schwanken und ist auch von der Rasse abhängig. Selbst bei Wurfgeschwistern ist ein Gewichtsunterschied kein Grund zur Besorgnis, wenn das Kleine trotzdem täglich zunimmt. Bei sehr großen Rassekatzen, z.B. Maine Coon, ist aber das Gewicht während der Entwicklung der Kätzchen deutlich höher.

Gewicht bei der Geburt • 1 Tag alt:	*98 g*
1. Woche • 7 Tage alt:	*195 g*
2. Woche • 14 Tage alt:	*289 g*
3. Woche • 21 Tage alt:	*375 g*
4. Woche • 28 Tage alt:	*496 g*
5. Woche • 35 Tage alt:	*598 g*
6. Woche • 42 Tage alt:	*733 g*
7. Woche • 49 Tage alt:	*853 g*
8. Woche • 56 Tage alt:	*940 g*
9. Woche • 63 Tage alt:	*1058 g*
10. Woche • 70 Tage alt:	*1200 g*
11. Woche • 77 Tage alt:	*1343 g*
12. Woche • 84 Tage alt:	*1450 g*

Meine Güte, Erny, bist du denn gar nicht gewachsen?
Erny, ERNY, so sag doch endlich was!

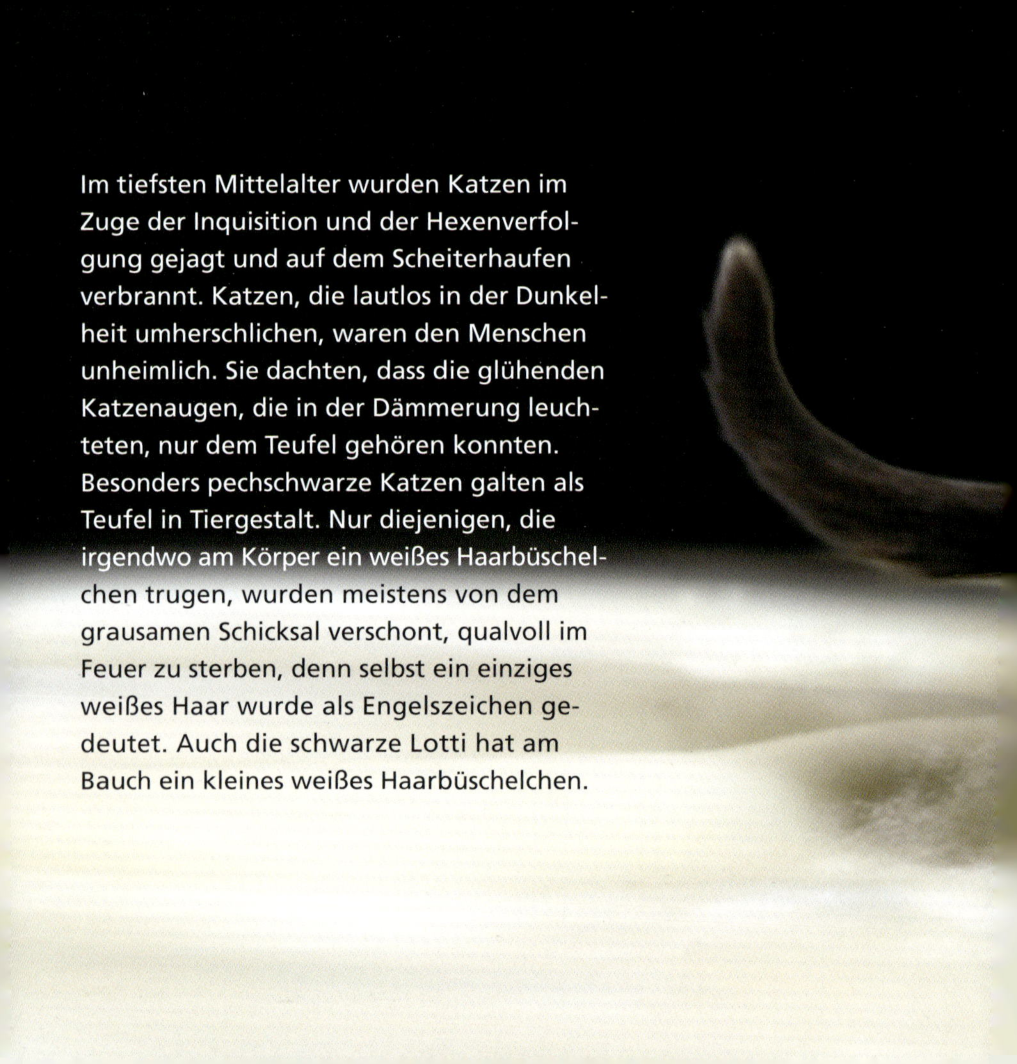

Im tiefsten Mittelalter wurden Katzen im Zuge der Inquisition und der Hexenverfolgung gejagt und auf dem Scheiterhaufen verbrannt. Katzen, die lautlos in der Dunkelheit umherschlichen, waren den Menschen unheimlich. Sie dachten, dass die glühenden Katzenaugen, die in der Dämmerung leuchteten, nur dem Teufel gehören konnten. Besonders pechschwarze Katzen galten als Teufel in Tiergestalt. Nur diejenigen, die irgendwo am Körper ein weißes Haarbüschelchen trugen, wurden meistens von dem grausamen Schicksal verschont, qualvoll im Feuer zu sterben, denn selbst ein einziges weißes Haar wurde als Engelszeichen gedeutet. Auch die schwarze Lotti hat am Bauch ein kleines weißes Haarbüschelchen.

10. WOCHE

Schmusekatze oder Raufbold

Während die Kätzchen in den ersten acht Wochen süße, runde Gesichter haben und auch vom Körperbau rund und kompakt aussehen, sind sie jetzt wie ein schlaksiger Teenager in die Länge geschossen. Sie wirken schlanker und langbeiniger und sehen schon recht erwachsen aus. Auch in ihren Bewegungen sind sie nicht mehr tollpatschig und unbeholfen. Sie benehmen sich mitunter schon wie erwachsene Katzen. Mit erhobenem Schwanz begrüßen sie nicht nur ihre Mutter, sondern auch uns Menschen.

La rose

Tag 65 [10. WOCHE]

Als Zeichen ihrer Zuneigung reiben sie bereits die Köpfchen an uns. Schnurrlaute haben sie schon immer unter Wohlbefinden beim Säugen von sich gegeben. So schnurren sie auch, wenn sie von uns gestreichelt werden oder auf unserem Schoß dösen dürfen.
Die Kätzchen kommen aber langsam ins Rüpelalter. Während sie früher ihrer Mutter auf dem Kopf tanzen konnten, weist diese ihre Kinder durch einen dominanten Halsbiss immer öfter in die Schranken, wenn sie zu wild attackiert oder bedrängt wird.

Tag 68 [10. WOCHE]

Die Halbstarken

Die Raufereien unter den Geschwistern werden immer wilder und ruppiger. Ihre Schnelligkeit und Bewegungsfreude kennt keine Grenzen. Sie jagen wie eine Horde wildgewordener Gazellen durch alle Räume. Dabei sind ihre artistischen Fähigkeiten voll entwickelt. Sie können hervorragend klettern und springen und problemlos balancieren. Die Mutter zieht sich immer mehr zurück und stillt nur noch kurze Zeit. Da sie in ihrer Mutter keinen Spielgefährten finden, werden auch unsere Beine und Hände von Katzenkrallen und Zähnchen massakriert. Ein Finger, der sich bewegt, weckt den Jagdinstinkt genauso wie eine Stubenfliege oder ein Bällchen. Obwohl sich die Mutter rar macht, gestattet sie hin und wieder immer noch, dass ihre Katzenkinder an ihren Zitzen nuckeln. In dieser Zeit kann die Mutter schon wieder rollig werden. Oft kommt es bei guter Pflege vor, dass die Mutter bereits einen Monat nach der Geburt wieder rollig wird, dies ist aber oft eine »Scheinrolligkeit«, bedingt durch die Normalisierung des Hormonhaushalts.

Tapeticum lucidum – Leuchttapete Augen

Katzen können bei einem Sechstel der Lichtmenge, die wir Menschen benötigen, noch deutlich sehen. Denn hinter der lichtempfindlichen Netzhaut liegt ein Spiegel (tapeticum lucidum), der aus 15 Schichten reflektierender Zellen besteht. Fällt ein schwaches Licht durch die weit geöffnete Pupille der Katze, wird es durch den Spiegel ein zweites Mal auf die Netzhaut reflektiert, was die Lichtleistung deutlich verstärkt. Dadurch entsteht dann auch das »Aufglühen« der Augen in der Dunkelheit, wenn die Katze in eine kleine Lichtquelle schaut. Selbst minimales Licht in stockfinsterer Nacht ist für das Sehvermögen ausreichend. Allerdings können Katzen in totaler Finsternis auch nichts mehr sehen, z. B. in einem geschlossenen Raum ohne jeden Lichteinfall. Dafür können sie sich dann bestens mit ihren Schnurrhaaren orientieren.

Das plüschige Babyfell ist fast verschwunden. Das Jugendfell sieht viel glänzender aus, weil es jetzt enger anliegt. Bei den schwarzen Kätzchen kommt der Glanz besonders gut zur Geltung. Die »Geisterzeichnung« ist inzwischen auch fast verschwunden. Trotzdem wird es noch einige Monate dauern, bis das Fell und die Musterung voll entwickelt sind. Aber auch unsere getigerten Kätzchen haben jetzt bereits ein deutliches Muster mit kontrastreicher Zeichnung, das bei der Geburt eher verwaschene Konturen hatte.

Tag 73 **[11. WOCHE]**

Ein Goldfischteich ist ein spannender Abenteuerspielplatz für die vier Katzenkinder. Dort planschen Fische, springen Frösche und brummen Libellen. Da ist das Jagdfieber der Kätzchen geweckt. Tatsächlich sind alle Kätzchen in ihrem Übereifer in den Teich hineingefallen oder sogar hineingesprungen. Obwohl Kätzchen bekannterweise keine Wasserratten sind, können sie schwimmen. Trotzdem kann ein Teich zu einer tödlichen Gefahr werden, wenn ein zu hoher Rand oder eine rutschige Teichfolie vorhanden sind, an dem die Kätzchen keinen Halt finden und nicht herausklettern können. Unsere Kätzchen hatten keine Probleme damit, sich aus dem nassen Element zu retten, denn die Randsteine des Teichs waren auf gleicher Höhe wie die Wasserfläche. Allerdings haben alle Kätzchen durch ihr Missgeschick gelernt, sich nicht mehr wild in die Fluten zu stürzen. Seitdem sind sie am Teichrand vorsichtiger.

*Riecht wie Erny, guckt wie Erny,
Mensch, was ist denn mit Erny
passiert?*

12. WOCHE

Der Abschied in ein neues Zuhause

Vier Wochen nach der ersten Impfung sollte nun die zweite Impfung erfolgen. So ist das Katzenkind gegen Katzenseuche und Katzenschnupfen geschützt. Eine Tollwutimpfung sollte eigentlich ebenfalls in diesem Alter erfolgen. Mit drei Monaten hat ein Katzenkind alles gelernt, was es zum Überleben braucht. Bis zur sechzehnten Woche lernen die Kleinen von der Mutter und dem Katzenverband auch noch den »Katzenknigge«, so dass viele verantwortungsvolle Züchter ihre Kitten erst gerne mit dem Erreichen der sechzehnten Lebenswoche oder etwas später abgeben. Jetzt ist das Kätzchen überaus geschickt im Klettern und Jagen. Das Auflauern der Beute wird zwar immer noch spielerisch geübt, aber ihre Schnelligkeit und akrobatischen Sprünge sind für ihr Alter bemerkenswert.

Die Mutter hat ihnen alles beigebracht und zieht sich zurück. Während der letzten drei Wochen hat sie ihre Katzenkinder immer öfter von ihrer Milchbar zurückgewiesen und damit ihre Selbstständigkeit unterstützt. Sie lässt ihre Kinder nur noch kurze Zeit an den Zitzen saugen. Ihre Milchquelle ist spätestens nach dreieinhalb Monaten Stillzeit versiegt. Eine frei lebende Bauernhofkatze würde ihre Kinder aber noch mehrere Wochen versorgen, indem sie ihnen gelegentlich Mäuse vorbeibringt, obwohl die jungen Kätzchen auch schon selber mehr oder weniger erfolgreich jagen können. Dabei werden auch proteinhaltige Käfer, Spinnen und Insekten nicht verschmäht.

Treffen sie auf fremde, erwachsene Artgenossen, verhalten sie sich dementsprechend unterwürfig und vorsichtig. Sie werden zwar meistens kurz angeschnüffelt und angefaucht, haben aber durch ihr Verhalten noch einen Welpenschutz. Eine erwachsene Katze, die sozialisiert ist, wird den kleinen Kätzchen aus dem Weg gehen. Normalerweise wird ein kleines Kätzchen nicht von einer fremden Katze attackiert oder verletzt. So hat ein Kätzchen in drei Monaten eine Entwicklung abgeschlossen, für das ein Menschenkind vier bis fünf Jahre braucht.

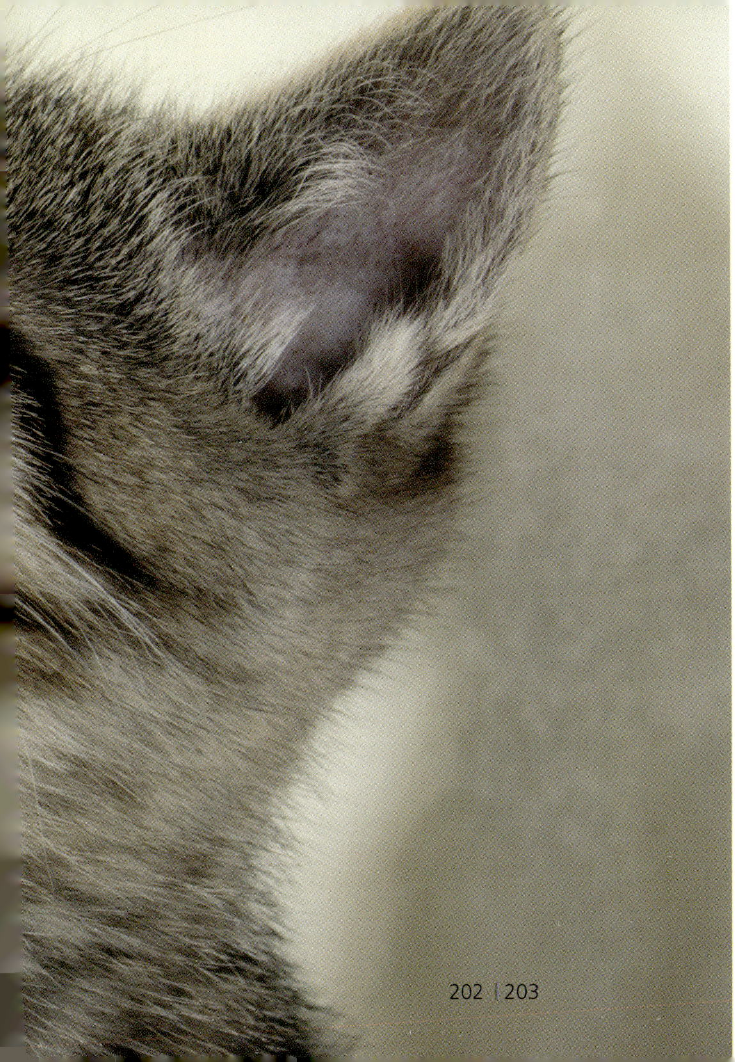

Der erste Herbst im Katzenleben.

Jetzt heißt es Lebewohl sagen, ein neues Zuhause wartet auf mich und meine Geschwister ...

ENDE

Willkommen Katze
Alles über Haltung, Pflege & Gesundheit
ISBN 978-3-275-01781-2
Zufriedene Stubentiger
ISBN 978-3-275-01760-7
Miau Katzensprache richtig deuten
ISBN 978-3-275-01782-9
Katzen-spiele
ISBN 978-3-275-01811-6
Die neue Ratgeberreihe für alle Katzenliebhaber
Jedes Buch mit 96 Seiten, ca. 80 Abb., broschiert, je € 9,95/sFr 18,90/€(A) 10,30
happy cats
www.mueller-rueschlikon.de
Service-Hotline: 01805/00 41 25*
* 0,14 €/Min. aus d. dt. Festnetz, max. 0,42 €/Min. aus Mobilfunknetzen
Müller Rüschlikon